Der Autor:

Wilhelm Busch, geboren 1897 in Elberfeld, wuchs in Frankfurt am Main auf und besuchte dort das Gymnasium. Selbst Pfarrerssohn, fand er als Frontsoldat im Ersten Weltkrieg zum lebendigen Glauben an Jesus Christus. Nach dem Ersten Weltkrieg studierte er in Tübingen Theologie und war dann Gemeindepfarrer in Bielefeld und Essen, wo er 1931 Jugendpfarrer wurde. Im Dritten Reich erlitt er Verfolgung und Verhaftung. Nach Kriegsende erreichte Pastor Wilhelm Busch als Evangelist mit seiner Botschaft von Jesus Christus zahlreiche Menschen. Wilhelm Busch starb 1966.

Wilhelm Busch

Und trotzdem Weihnachten

Quell

Originalausgabe

Die Deutsche Bibliothek – CIP-Einheitsaufnahme

Busch, Wilhelm:
Und trotzdem Weihnachten / Wilhelm Busch. –
Orig.-Ausg. – Gütersloh: Quell, 2000
(Quell Lektüre)
ISBN 3-579-03454-5

ISBN 3-579-03454-5

Umschlaggestaltung: KonturDesign, Bielefeld
Satz: Weserdruckerei Rolf Oesselmann GmbH, Stolzenau
Druck und Bindung: Těšínská Tiskárna AG, Český Těšín
Gedruckt auf chlorfrei gebleichtem Werkdruckpapier
Printed in Czech Republic

Inhalt

Herrlich – herrlicher – am herrlichsten!

Rasselnd und fauchend ist der kleine Vorortzug davongefahren.

Ich wandere hinein in den schweigenden Winterwald. Tiefe Stille umgibt mich. Der Atem wird in der Kälte zu dichten Rauchwolken. Leise knirscht der Schnee unter meinen Sohlen!

Wie herrlich doch die Natur auch jetzt in der Todesstarre ist! In tausend, in Millionen Kristallen spiegelt sich das Licht des Tages. Jeder kleine Zweig ist ein Wunderwerk in seiner dichten Bereifung.

Stunde um Stunde wandere ich durch diese schweigende, herrliche Winterwelt. Durch meinen Sinn gehen die Worte aus dem Psalm: »Herr, mein Gott, du bist sehr herrlich. Du bist schön und prächtig geschmückt … Herr, wie sind deine Werke so groß und viel! Wunderbar sind deine Werke. Und das erkennt meine Seele wohl.«

Tiefe Stille ringsum. Nur hier und da ein kleines Geräusch, wenn ein einsamer Vogel durchs Gezweig fliegt und leise der Schnee von den Bäumen rieselt.

»Gott, man lobt dich in der Stille ...«

Ein paar Stunden später sitze ich wieder im Vorortzug, der mich in die lärmende Großstadt zurückbringt. Lachend und schwätzend drängen sich die Menschen in dem überhitzten Abteil. Aber meine Seele ist erfüllt von dem großen Schweigen des Winterwaldes.

Ja, herrlich ist die Schöpfung. Herrlich ist Gottes weite Welt!

Am Nachmittag führt mich mein Weg in eine dunkle, schmutzige Straße. Keine Spur ist hier zu sehen von der Herrlichkeit des Winters. Schwarz und zertreten ist der Schnee, aus dem ein paar Jungen vergeblich Schneebälle zu drehen versuchen.

Mitten zwischen den hohen Mietskasernen ein altes, baufälliges Häuslein. Ich steige die knarrende, ausgetretene Treppe hinauf. Dumpfe Gerüche erfüllen das enge Treppenhaus.

Oben unter dem Dach wohnt eine alte Frau. Krebskrank! Die Krankheit hat ihr ganzes Gesicht zerfressen. Es hat mir früher gegraust, sooft ich sie ansah. Seitdem es nun aber noch schlimmer mit ihr geworden ist, trägt sie ein Tuch um ihr Gesicht.

Ich trete in das enge Zimmer ein. Es muß wohl heute schlecht stehen um die Alte, denn sie liegt im Bett. Das trübe Licht, das durch das schräge Dachfenster hereinfällt, erhellt nur schwach das sonst gemütliche, wohlaufgeräumte Stüblein, das vollgestopft ist mit Erinnerungen aus alter Zeit. Sie hat einmal bessere Tage gesehen, die alte Frau, die nun so einsam und arm daliegt.

Ich setze mich neben sie ans Bett. »Na, wie geht's denn heute, Großmutter?«

»Großartig!« sagt sie. »Herrlich, ganz herrlich! Sehen Sie, da hat die freundliche junge Nachbarsfrau mich heute morgen schon so gut betreut, sie hat mich gewaschen und mir mein Zimmer aufgeräumt. Und dann kam die Gemeindeschwester und hat mir Feuer in den Ofen gemacht. Und dabei hatte ich gestern noch solche Sorgen, wo ich wohl ein wenig Kohlen herbekommen sollte.«

»Ja, ist es aber für Sie nun nicht sehr einsam, wenn Sie den ganzen Tag hier so allein liegen müssen? Ich denke, die Schmerzen machen Ihnen doch auch sehr zu schaffen? Und schlafen können Sie nachts, soviel ich weiß, auch nicht!«

Da richtet sich die Alte auf: »Wie Sie aber reden, Herr Pfarrer! Ich bin keine Stunde allein. Sehen Sie, da auf dem Stuhl, auf dem Sie sitzen, da sitzt mein Herr Jesus. Mit dem rede ich von allem, was mein Herz bewegt, von der Vergangenheit, von Menschen, die ich liebhabe, und von allen möglichen Sachen. Dann spricht er mir Trost zu und schenkt mir seinen herrlichen Frieden, daß ich ganz glücklich werde …«

Als ich die Treppe wieder hinuntergehe, taucht noch einmal das Bild des herrlichen Winterwaldes vor mir auf. Doch nun weiß ich: Herrlicher als alle Schönheit der Schöpfung ist ein Menschenherz, dem Jesus seinen Frieden geschenkt hat.

Während ich durch den Matsch des schmutzigen, zertretenen Schnees stapfe, gehen die Gedanken weiter: Was wird denn noch herrlicher sein? – Am herrlichsten wird es sein, wenn Gott einmal alle seine Verheißungen wahrgemacht hat:

»Siehe, ich schaffe einen neuen Himmel und eine neue Erde, in denen Gerechtigkeit wohnt ...«

»Es wird kein Leid und kein Geschrei mehr sein ...«

»Gott wird abwischen alle Tränen von unseren Augen ...«

Die Adventreise

Oh, wie lange ist das jetzt her! Den ersten Weltkrieg haben wir ja über all den späteren aufregenden Erlebnissen ganz vergessen. Doch bei uns, die wir den »Schlamassel« mitgemacht haben, tauchen je und dann Erinnerungen auf.

Ich war damals ein junger Unteroffizier in einer Batterie. Die meiste Zeit lag ich vorn im Graben auf der Beobachtung. Da stank es nach Leichen. Es regnete unaufhörlich. Jeden Tag gab es die übliche Anzahl Tote. Wir waren zu stumpfsinnigen Wühlmäusen geworden, die nichts weiter dachten als dies: ob das armselige Futter wohl an diesem Tag ankommt (es war die Zeit der Steckrüben!) und ob man wohl den Abend noch erleben wird?

Aber nun ging's auf Weihnachten zu. Da tauchte in der Erinnerung immer wieder die fast vergessene Heimat auf. Das gab es also irgendwo noch: warme Stuben und weiche Betten und strahlende Weihnachtszimmer und Singen und richtiges, menschliches Leben. Und Vater und Mutter und …

»Huuuiii! Huuuiii!« da kam ein Feuerüberfall. Man drückte sich in die lehmige Grabenwand. Die zauberhaften Bilder waren vergessen …

Und dann hieß es eines Tages: »Unteroffizier Busch soll in die Schreibstube kommen!« Als der Abend da war, trottete ich stumpfsinnig durch die feuchte Nacht nach hinten – leise schimpfend über die »Schreibstubenhengste«, die uns bei solch einem Dreck wegen irgendeiner Lappalie durch die Nacht hetzten.

Spät in der Nacht bin ich am Ziel und laufe dem Wachtmeister in die Finger: »Warum kommen Sie so spät?« schnauzt er mich an. »Morgen in der Frühe melden Sie sich beim Regiment!«

Nun, da war's am besten, ich trottete gleich weiter durch den endlosen Regen. Was mochten die im Regimentsstab von mir wollen? Hatte ich irgendwas »versiebt«?

Ein dunkles Barackenlager. Ein einsamer Posten weist mir ein Lager. Ich schlafe gleich ein, obwohl ich nur ein paar Bretter unter mir habe. Mir ist, als hätte ich kaum die Augen zugemacht – da rüttelt mich einer: »Los! Zum Kommandeur!«

Ich finde keine Zeit mehr, mich ein wenig herzurichten. Ich kann nur – so nannten wir das – die Stirn runzeln, daß der Dreck abfällt. Dann stehe ich vor dem Gewaltigen, der sauber, gepflegt, lächelnd auf die schmutzige Wühlmaus schaut. ›Jetzt fehlt bloß noch, daß er mich wegen meiner unvorschriftsmäßigen Erscheinung anbrüllt‹, denke ich. Da legt er los, mit unwahrscheinlich guter Laune: »Busch! Sie kommen nach Hause zum Offizierskurs. Beginnt am 3. Januar! Sie fahren sofort los! Verstanden?!«

Natürlich habe ich verstanden. Ich möchte vor Freude schreien, brüllen. Aber – heute ist doch – ja, der wievielte? Höchstens der 20. Dezember! Wir haben keinen Kalender im Graben. Da hängt einer an der Wand! Ja, heute ist erst der 20. Warum soll ich gleich losfahren? Ich brauche doch nicht 13 Tage für die Reise –

Da fährt dieser Gewaltige – oh, er kam mir vor wie ein Engel Gottes! – da fährt er fort: »Fahren Sie gleich los. Und die Tage bis zum 3. Januar machen Sie Weihnachtsurlaub! Abtreten!«

Ich denke, der Himmel fällt über mich: Weihnachten zu Hause!?! Nicht in dem dreckigen Lehm! Weihnachtsbaum! … Vater! … Mutter! … Geschwister! … Bett! … O du fröhliche …

Und dann sitze ich in einem Zug. Die Wagen klappern. Irgendwo endloser Aufenthalt. Es ist stockdunkel. Wir sitzen nicht, wir stehen nicht. Wir sind aufeinandergepreßt wie Sardinen in einer Büchse. Da geht ein Schimpfen los. Ich kann nur lachen – singen: »O du fröhliche« … Es geht nach Hause –

Ich erinnere mich, daß es eine fürchterliche Reise war. Zwei Tage war ich unterwegs. Der Magen brüllte vor Hunger. Die Ohren taten mir weh von dem Geschimpfe in den dunklen Zügen, die durch die Nacht schlichen. Aber das Herz sang und jubelte, tanzte und schrie vor Freude: »Es geht nach Hause!«

Meine Mutter trat ahnungslos gerade aus der Haustür, als ich – unwahrscheinlich verdreckt und unrasiert – ankam. Sie wurde bleich. Sie mußte sich an die Wand lehnen. Dann fielen wir uns in die Arme. »O du fröhliche, o du selige, gnadenbringende Weihnachtszeit …«

Kurz darauf umgab mich das Freudengeschrei meiner zahlreichen Geschwister –

Ist unser Christenleben nicht manchmal auch so eine mühselige Fahrt nach Hause? Nehmen wir es nicht so schwer! Es geht nach Hause – nach dem ewigen Vaterhaus, wo ich …

»… in ewger Weihnachtswonne
schauen darf der Sonnen Sonne
mit verkläretem Gesicht:
Jesu Christ, dein reines Licht.«

»Jetzt geht wieder die schöne Zeit an!«

Es war vor Jahren am Vorabend des ersten Advent.

In dem Heim unseres Jugendkreises ist fröhliches, quirlendes Leben: Da wird noch einmal tüchtig geübt und geprobt für die Adventsfeier, zu der sich immer eine große Gemeinde aus Jungen und Alten zusammenfindet.

Der Hausmeister, der den Adventskranz aufgehängt hat, trägt eben die Leiter weg. Er kann manchmal recht verdrießlich brummen, wenn's die Jungen gar zu toll treiben. Aber heute summt er leise das liebe alte Adventslied: »Macht hoch die Tür, die Tor macht weit ...« Und als ich ihm lächelnd nachsehe, fällt mein Blick auf einen jungen Mann. Dieser schlanke, hochgewachsene Junge ist mir besonders lieb. Ich weiß, wie schwer er es hat. Seine Eltern sind überzeugte Freidenker. Da steht er zu Hause sehr allein. Denn schon früh hat er erkannt, daß er nicht ohne Jesus leben kann. Mit Petrus sagte er zum Herrn Jesus: »Wir haben geglaubt und erkannt, daß du bist Christus, der Sohn des lebendigen Gottes.«

An jenem Abend also fällt er mir auf. Denn sein Gesicht strahlt ganz unbeschreiblich.

»Was ist mit dir?« frage ich. Da atmet er tief auf und sagt: »Jetzt fängt wieder die schöne Zeit an, wo es heißt: Er kommt, Er kommt mit Willen ...« Und dann geht er schnell davon, daß ich seine Bewegung nicht sehen soll. Ich aber muß nun diesen Vers leise vor mich hin singen:

»Er kommt, Er kommt mit Willen,
Ist voller Lieb und Lust,
All Angst und Not zu stillen,
Die Ihm an euch bewußt.«

»Jetzt fängt wieder die schöne Zeit an!« Sooft Advent herannaht, ist mir, als höre ich den jungen Mann diesen Satz sagen.

Kurz nach Weihnachten erfaßte auch ihn die Kriegsmaschine. Er wurde eingezogen. Und der Krieg ging über unser Jugendheim. Es wurde zur Ruine.

Als wir unter armseligen Umständen doch wieder unsre Adventsfeier hielten, brachte die Post einen Brief von meinem Freund. Da schrieb er aus Rußland. Man spürte aus jeder Zeile das Heimweh und die furchtbare Einsamkeit. Aber es stand auch noch etwas anderes in dem Brief. Und das war die Freude, daß »jetzt wieder die schöne Zeit anfängt«. »Ich vereinige mich im Geiste mit Euch«, schrieb er, »und singe mit Euch: Er kommt, Er kommt mit Willen / Ist voller Lieb und Lust / All Angst und Not zu stillen …«

Als wir im Jahre darauf Advent feierten, kam kein Brief mehr von ihm. Da war er irgendwo im fernen Rußland gefallen.

Ja, »gefallen« in die Hand seines Heilandes, von dem er sich erkauft und gerettet wußte. Und ich weiß: Als die tödliche Kugel ihn traf, wurde das für ihn zum rechten Advent. Da kam sein Heiland und holte ihn nach Hause, wo Er endgültig und für immer »alle Angst und Not des Herzens stillt«.

Wie es doch noch Weihnachten wurde

Es ging auf Weihnachten zu. In der Kaserne sprach man eigentlich nur noch vom Weihnachtsurlaub. »Freut euch nicht zu früh«, sagte Paul, der bedächtige Bauernjunge aus Westfalen. »Wer weiß, ob wir noch wegkommen. Ein paar müssen ja doch hierbleiben und Wache schieben.«

Günter lachte: »Warum soll es denn uns gerade treffen? Etwa ausgerechnet mich, ja? Nee, mein Lieber, was meiner Mutter Sohn ist – der ist am Heiligen Abend zu Hause.«

Und dann traf es ihn doch. Was war das für ein magerer Trost, daß der Feldwebel ihm sagte, er dürfe über Neujahr nach Hause! Und so stand er denn am Heiligen Abend eisern auf Wache. »Ist das nun ein Weihnachtsfest?«

Am ersten Feiertag erhält Günter früh eine Postkarte von seinem Stubengenossen Paul. Die Karte kommt von einem Wirtshaustisch; Bierspritzer haben die Schrift verwischt, und ein paar unleserliche Unterschriften lassen erkennen, daß man schon reichlich Alkohol konsumiert hatte. Blitzartig sieht Günter vor seinem Auge die lärmende, halbbetrunkene Gesellschaft. »War das nun ein Weihnachtsfest?«, so denkt er bei sich, während er langsam in der Frühe des zweiten Festtages durch das Kasernentor geht. Heute hat er nach dem Wachdienst frei. Wenigstens ein Feiertag!

Aber wohin jetzt? Da fangen in der nahen Kirche die Glocken an zu läuten. Günter wundert sich selbst, daß er – wie von einer verborgenen Macht gezogen – dem Schall der Glocken folgt. Aber er ist ja so allein. Und er hat so viel übrige Zeit. Und jetzt morgens – wo soll man da hin? Wenn er zu Hause gewesen wäre, wäre er an den Festtagen gewiß auch mit den Eltern einmal in die Kirche gegangen.

Nun sitzt er in dem hohen Kirchenraum. Es sind heute, am zweiten Feiertag, wenig Leute da. Günter ärgert sich ein bißchen über den dünnen Gesang. Darum fällt er lauter ein, als er eigentlich vorgehabt hat. Immer mehr nimmt ihn das frohe Singen gefangen:

»Fröhlich soll mein Herze springen
Dieser Zeit, da vor Freud
Alle Engel singen …
Heute geht aus seiner Kammer
Gottes Held, der die Welt
Reißt aus allem Jammer.«

Dann steht ein junger Vikar auf der Kanzel, dem man heute, am zweiten Feiertag, die Frühpredigt übertragen hat. »Der ist nicht viel älter als ich«, denkt Günter. Es ist ihm darum wie eine innere Verpflichtung, den Altersgenossen ernst zu nehmen.

Und der nimmt seine Sache auch ernst. Günter stößt sich nicht an der etwas unbeholfenen und ängstlichen Art des jungen Predigers. Es geht ihm durch und durch, als der junge Pfarrer dort oben sagt: »Wie ernst muß es doch Gott um unsere Errettung zu tun sein, daß er seinen eingeborenen Sohn gab!«

Darüber hat Günter eigentlich noch nie nachgedacht. Wirklich noch nie! Daß man überhaupt eine Errettung braucht! – Aber jetzt ist ihm alles ganz klar. Sein Gewissen sagt ihm, daß der da oben recht hat. Und so läßt er sich gern und willig mitführen zu dem Kind von Bethlehem, in dem Gott uns die Errettung geschenkt hat.

Ja, alles was er gehört hat, wird ihm so wichtig, daß er sich ein Herz faßt und nach dem Gottesdienst in die Sakristei geht. Der junge Prediger ist fast erschrocken, daß sein Wort wirklich solch eine Wirkung gehabt hat, daß es sogar ein stolzes Soldatenherz hat erschüttern können. Nun freut er sich. Gern nimmt er den Suchenden auf und lädt ihn für den Nachmittag in seine kleine Bude ein.

Und hier, an diesem Nachmittag, geschieht es, daß ein junger Mann den andern zum Heiland führen kann.

Als Günter am Abend durchs Kasernentor geht, lächelt er still vor sich hin: »Merkwürdig! Kein Heimaturlaub! Aber jetzt ist doch wirklich auch für mich Weihnachten geworden!«

Wie einer das »Eigentliche« begreifen lernte

Donnernd fuhr der Zug in die Bahnhofshalle. Langsam packte der junge Student sein Köfferchen und stieg aus. Langsam ging er zum Ausgang. Einen kurzen Augenblick sah er sich um. Dann ging er langsam in die Stadt hinein. Nein, er hatte es nicht eilig, obwohl zu Hause die Mutter und die Schwestern auf ihn warteten.

Seine Gedanken wanderten: Wie anders war es in den Jahren früher gewesen! Da hatte er gar nicht schnell genug aus dem Bahnhof herauskommen können. Hinein in die Droschke nach dem schönen Stadtteil, wo die Eltern wohnten! Dort die hübsche Villa war das Elternhaus. Noch ehe die Droschke richtig hielt, war man heraus. Und Sturm geläutet am Tor! Dann kamen jubelnd die Schwestern. Und die Mutter! Und der Vater, dieser herrliche Vater! Und dann kam Weihnachten mit all dem Glanz und all seiner Freude. Ja, so war es früher. – Gedankenvoll schritt er dahin. Es war ein weiter Weg. Und er hatte nicht einmal die paar Pfennige für die Straßenbahn.

Das heißt, »Pfennige« ist verkehrt gesagt. Es war ja die böse Zeit der Inflation, wo selbst eine Straßenbahnfahrt ein paar tausend Mark kostete.

Ach, es war alles anders geworden! Bedrückt schritt unser Student dahin nach dem Norden der Stadt. Da wartete nun ein hohes graues Haus auf ihn. Dort wohnte die Mutter in entsetzlich elenden Verhältnissen.

Wie rasch hatte sich alles verändert! Der Vater war plötzlich gestorben. Die Inflation hatte das Vermögen verzehrt. Ihr hübsches Haus hatten sie verlassen müssen.

»Es wäre alles zu ertragen, wenn der Vater noch lebte, unser starker, froher Vater«, dachte der Student, während er durch immer grauere, trostlosere Straßen ging. »Aber so – kann man doch nicht – Weihnachten feiern! So doch nicht! Ohne den Vater! Und ohne Geld! Und ohne einen Weihnachtsbaum! Und ohne Geschenke! Nein, so kann man nicht Weihnachten feiern!«

Er geht langsam. Er hat es nicht eilig. Aber schließlich steht er doch vor dem großen grauen Hause. Hier wundert er sich zum erstenmal, daß ihn niemand abgeholt hat. – »Nun ja«, denkt er, »die haben keinen Mut zum Leben mehr!«

Und dann steigt er die dunklen Treppen hinauf. Ganz oben wohnt die Mutter. »Meine liebe, arme Mutter!« denkt er im ersten Stock.

Dann steigt er weiter. »Ich hätte gar nicht kommen sollen. Man macht sich nur das Herz schwer«, denkt er beim zweiten Stock.

Dann steigt er weiter. Beim dritten Stock bleibt er wieder stehen. »Das ist nun Heiliger Abend!« denkt er bitter. Er steigt weiter. Ein paar Stufen – dann aber bleibt er stehen. Über ihm hebt ein Gesang an: jubelnd, hell, himmlisch.

Da oben steht die Mutter mit den Schwestern. Und sie singen ihm entgegen:

»Warum sollt ich mich denn grämen?
Hab ich doch Christum noch.
Wer will mir den nehmen?
Wer will mir den Himmel rauben,
Den mir schon Gottes Sohn
Beigelegt im Glauben?«

Regungslos steht der junge Student. Er ist ein harter Kerl. Den Weltkrieg hat er mitgemacht, fast als Knabe. Im Freikorps hat er gekämpft nach dem Kriege. Aber nun laufen ihm die Tränen herunter, Freudentränen!

Es geht ihm wie den Hirten auf Bethlehems Feld. Und er hört die Engelsbotschaft: »Euch ist heute der Heiland geboren!«

Und er begreift: Diese Botschaft gehört zu Weihnachten. Alles andere mag vergehen und fehlen. Wenn der Heiland da ist, dann ist Weihnachten, Glanz und Freude und Herrlichkeit. – Und jubelnd eilt er der Mutter in die Arme.

»Welt ging verloren ...!«

Es war im Jahre 1915.

Als junger Kriegsfreiwilliger stand ich an der Front. Wir lagen am Kanonberg in der Champagne in einer trostlos zerstörten Gegend.

Am Tag vor Weihnachten kam Post. Ich kriegte auch ein Päckchen. Unter allerlei lieben Gaben war da ein gelber Wachsstock. »Kinder, wir machen uns einen Weihnachtsbaum!« hieß es, als man den Wachsstock in meiner Hand sah.

Am Morgen des Heiligen Abends zog ich mit meinen Kameraden los, um den Weihnachtsbaum zu suchen. Wie glücklich waren wir, ein kleines grünes Sträuchlein zu finden! Mit großer Liebe pflanzten wir es in eine Konservenbüchse. Mit mehr Geduld als Geschick wurde der Wachsstock zerschnitten und jedes Lichtlein mit einer Stecknadel an einen Zweig gespießt.

Und dann kam der Heilige Abend. Draußen war es ruhig. Nur hier und da bellte ein verlorener Schuß durch die Nacht. Jetzt sollte unsere Feier losgehen.

Ach, sie mißriet völlig! Am Nachmittag war uns eine große Korbflasche Schnaps geliefert worden. Diesem Gift hatten die Männer schon kräftig zugesprochen, so daß ein böser Geist herrschte. Ich versuchte zu retten, was zu retten war. Die Kerzen wurden angesteckt, und ich bat: »Laßt uns ein Lied singen!« Da war nun einer, der wollte uns mit dem Lichterbäumlein knipsen. Bis der endlich alles aufgebaut hatte, waren die kleinen Kerzen ausgebrannt. Dafür war der Unterstand voll beißenden Qualms vom Blitzlicht. Ach, es mißriet alles! Warum? Ich denke heute, wir waren alle heimwehkrank an dem Abend. Kurz, es war trostlos. Und ich lief schließlich in Zorn und Schmerz aus dem Unterstand.

Draußen umfing mich sternhelle Nacht. Weiß leuchtete die aufgewühlte, zerschossene Kalkerde. Armes Land! Hier waren einst reiche Felder und Gärten. Dort unten in der Mulde hatte ein Dorf gelegen. Jetzt zeugten nur noch einige kahle Obstbäume davon. Selbst die Trümmer waren verschwunden, zum Straßenbau verwendet. Vor zwei Jahren hatten dort fröhliche Menschen Weihnachten gefeiert. Wo sind sie nun, die Heimatlosen?

Da höre ich ein Geräusch. Aus dem Offiziersunterstand, der ein paar Schritte nebenan liegt, kommt jemand heraus. Er sieht mich nicht, weil ich im Schatten stehe. Aber ich kann ihn deutlich erkennen. Es ist ein Oberleutnant, der mir immer mächtig imponiert hat. Lange steht er und schaut in die trostlose Nacht. Sieh, denke ich, dem geht's wie mir. Im Offiziersunterstand sind sie wohl auch alle betrunken. Und jetzt geht auch ihm der ganze Jammer des Krieges auf, daß er ihn fast nicht mehr ertragen kann.

Doch – was hat er denn da? Er zieht unter seinem Umhang ein blitzendes Horn hervor, setzt es an die Lippen. Und nun klingt es unendlich weich und seltsam über das zerschossene, zerstörte Tal: »O du fröhliche, o du selige, / gnadenbringende Weihnachtszeit …«

Sein Blasen zwingt mich förmlich, den Text leise mitzusprechen. Und alles empört sich in mir. Nein! Nein! schreit mein Herz. Es ist nicht wahr! Hier ein zerstörtes Dorf. Jedes verwüstete Haus ein Strom von Herzeleid. Und dort die trunkenen, heimwehkranken Männer. Und zu Hause die weinenden Frauen, Kinder, die nach ihren Vätern rufen – Blut, Sterben, Jammer … Wie kannst du so blasen: O du fröhliche …? Aber er bläst ruhig weiter. Und es klingt klagend: »Welt ging verloren …«

Ja, denke ich, das ist nun ganz und gar wahr. So habe ich das noch nie empfunden und gesehen.

»Christ ist geboren …« bläst er in meine Gedanken hinein. So hell, so jubelnd, so schmetternd, daß ich aufhorche: »Christ ist geboren! / Freue, freue dich, o Christenheit!«

Da fällt es mir wie Schuppen von den Augen: Das ist Weihnachten, das und nichts anderes: »Welt ging verloren / Christ ist geboren! / Freue dich, o Christenheit!«

Der Gesang im Chaos

Mein Herz krampft sich zusammen, wenn ich an den Jungen denke. Er war fast ein Kind noch, als sie ihn fort holten zu den Soldaten. Irgendwo in Rußland, bei Leningrad, haben die Russen ihn totgeschossen. Was bedeutete denn auch den Mächtigen damals ein Menschenleben! Wie ein Weizenkorn zwischen harten Mühlsteinen zerrieben wird – so kommt mir der Ausgang seines Lebens vor.

Und dabei war er gar nicht geschaffen für den harten Krieg. Er wollte Musiker werden. Seine Seele lebte in der Musik. Und wenn man mit ihm sprach, hatte man oft den Eindruck, als sei sein Geist weit weg und lausche irgendwelchen Klängen, von denen wir nichts vernahmen.

Kurz nach Weihnachten im Jahre 1944 kam die Nachricht, daß er gefallen sei. Eine kalte, herzlose und phrasenerfüllte Mitteilung. Wenige Tage vorher aber schrieb er einen Brief. In dem erzählte er, wie er Weihnachten erlebt hatte. Dieser Bericht zeigt so charakteristisch den rohen Geist der Zeit, die Einsamkeit der jungen Menschen und die Herrlichkeit des Evangeliums, daß ich ihn doch weitergeben muß und meine inneren Widerstände überwinde, die mich bisher abhielten, diese Geschichte zu erzählen …

»Hören Sie mal!« sagte der Hauptmann kurz vor Weihnachten zu dem blutjungen Soldaten. »Wir werden das Fest hier in diesem russischen Städtchen verbringen. Da könnten wir doch 'ne nette Weihnachtsfeier für die Kompanie arrangieren. Meinen Sie nicht auch?«

»Jawohl, Herr Hauptmann!«

»Ich habe gehört, daß Sie Musikus sind. Ist ja allerhand! Komischer Beruf! Na, egal! Da sind Sie jedenfalls der richtige Mann, sowas in die Hand zu nehmen! Nicht wahr?«

»Jawohl, Herr Hauptmann!«

»Sie können das ganz machen, wie Sie wollen. Wir haben einen Saal zur Verfügung mit einem Klavier. Stellen Sie einen Chor zusammen, üben Sie was Nettes ein – so was Weihnachtliches – na, Sie verstehen schon! Ich verlasse mich ganz auf Sie! Haben Sie verstanden?«

»Jawohl, Herr Hauptmann!«

Der Junge war restlos glücklich. Welch eine schöne Aufgabe in der grauenvollen Monotonie dieses Etappendaseins! Seine Freude riß die stumpfen Kameraden mit. Ihre Seelen, die erstickt waren in dem tönenden Kreislauf von Drill, unzüchtigen Männergesprächen und Alkohol, begannen sich zu regen. –

Als der Heilige Abend kam, erlebte die Kompanie eine wunderschöne Feier. Das liebliche Evangelium von dem Gottessohn, der arm in der Krippe lag, von den Engeln, die auf Bethlehems Feld sangen, und von den Hirten, die erschrocken und selig der Botschaft lauschten, stand im Mittelpunkt. Selbst die rohesten Burschen wurden still und bewegt. Es war, als wenn die Seelen, die wie verschüttet gewesen waren, leise zum Licht drängten … Dann war die Feier zu Ende. Eine tiefe, lebendige Stille lag über dem Saal. Doch wurde sie plötzlich unterbrochen von einem Ruf des Hauptmanns. Die Türen flogen auf. Ordonnanzen erschienen, bepackt mit Schnaps- und Weinflaschen.

Da war's, als wenn sich das Geröll wieder prasselnd über die Seelen stürzte: Ein johlendes Geschrei! Die erste Zote knallt in den Saal! Gelächter! Und dann beginnt ein Saufgelage, in dem die Männer all ihren Jammer, ihre Sehnsucht, ihr Heimweh ertränken …

Traurig schleicht sich der Junge fort. Heiliger Abend. Vor seiner Seele ersteht das Bild der Heimat, der Eltern, der Geschwister. Wie schön, wie himmlisch schön war es, wenn man dort Weihnachten feierte …!

Er verkriecht sich wie ein krankes Tier zwischen die Decken seines harten Lagers und schläft dort ein.

Ein graues Morgenlicht sickert in den Schlafsaal, als er erwacht. Die Kameraden kehren zurück. Betrunken, taumelnd! Blöde lachend! Schmutzige Reden verpesten die Luft. –

Der Junge wirft seine Decken zurück und geht schweigend hinaus. In seinem Herzen ist ein zerreißendes Heimweh: O wie gemein, wie schmutzig, wie niedrig ist das alles! Und das ist Weihnachten!

Ohne zu überlegen, landet er wieder in dem Saal, wo die Feier stattgefunden hat. Wie sieht der aus! Die Stühle sind zerbrochen. Die Tische umgeworfen. Die Fensterscheiben zerschlagen. Überall ist der Fußboden bedeckt mit abscheulichen Lachen von alkoholischen Getränken und Gespieenem …

Aber – dort steht ja noch das Klavier – unbeschädigt! Erst einige Tage später – bei der Neujahrsfeier – haben ein paar Betrunkene es zum Fenster hinausgeworfen.

Aber an jenem Weihnachtsmorgen stand es noch da. Der junge Soldat stürzt darauf zu und …

Ja, nun hielt er seine Weihnachtsfeier. Da saß der einsame Junge in dem verwüsteten Saal, spielte und sang:

»Gelobet seist du, Jesu Christ,
Daß du Mensch geboren bist
Von einer Jungfrau, das ist wahr;
Des freuet sich der Engel Schar …«

Ein Lied nach dem andern fiel ihm ein. Wie gut, daß man zu Hause all die schönen Lieder auswendig gelernt hatte!

»Er bringt euch alle Seligkeit,
Die Gott der Vater hat bereit ...«

Schließlich zog er sein kleines Testamentchen heraus und las still und gesammelt noch einmal die wunderschöne Geschichte, wie sie im 2. Kapitel des Lukas-Evangeliums berichtet wird. »... Siehe, ich verkündige euch große Freude, die allem Volk widerfahren wird; denn euch ist heute der Heiland geboren ... Und die Hirten kehrten wieder um, priesen und lobten Gott um alles, was sie gehört und gesehen hatten, wie denn zu ihnen gesagt war.« Darüber wurde sein Herz so froh, daß er nur anbeten und loben konnte. Und so ging er wieder an sein geliebtes Klavier und sang noch einmal alle Weihnachtslieder durch. Da klang es durch den kalten russischen Morgen – mancher russische Bauer mag erstaunt unter dem Fenster stehengeblieben sein! –:

»Sehet, was hat Gott gegeben:
Seinen Sohn zum ewgen Leben!
Dieser kann und will uns heben
Aus dem Leid zur Himmelsfreud ...«

Ob er es ahnte, daß das wenige Wochen später geschah:

»... aus dem Leid zur Himmelsfreud«?

So saß er, allein, verlassen, getröstet im fremden Land, in einem bestialisch zerstörten Saal, und sang das Lob des Kindes in der Krippe. Und auf einmal mußte er mitten im Spiel abbrechen. Denn da ging ihm ein großes Licht auf. Davon schrieb er nach Hause:

»Ist das nicht die Lage der Gemeinde Jesu Christi zu allen Zeiten? Inmitten des Chaos dieser gefallenen Welt singt sie fröhlich und unbekümmert die Loblieder ihrem Erlöser und Heiland.«

Nun war er nicht mehr allein. In der großen Gemeinde stand er, die – dem Teufel zum Trotz – singt und lobt:

»… Freude, Freude über Freude:
Christus wehret allem Leide …«

Und trotzdem Weihnachten!

»Weihnachten?! Nee! Das wird in diesem Jahr bei uns nichts werden!« sagt die Frau verbittert.

»Aber warum denn nicht?«

»In diesem Jahr hab ich die Nachricht bekommen, daß mein Mann im russischen Gefangenenlager gestorben ist. Nun sitze ich mit den zwei Kindern in dem einen Zimmer. Geld ist nicht vorhanden, daß man was kaufen könnte. Es langt ja nicht einmal zum Leben ...« Die Frau wischt sich ärgerlich die Tränen. »... nee, Weihnachten, das fällt in diesem Jahr aus bei uns.«

»Da muß ich Ihnen eine kleine Geschichte erzählen. Haben Sie fünf Minuten Zeit?«

Die Frau nickt und wischt wieder die Tränen, die ungewollt herabfließen.

»Sie wissen, daß ich den ganzen Krieg hier im Ruhrgebiet erlebt habe. Da kam nun Weihnachten 1944. Unsre Wohnung sah böse aus. Die Fenster waren mit Pappe und Rollglas notdürftig zugemacht. Der Wind pfiff elend herein. Nun, trotzdem wollte ich mit meinen Kindern Weihnachten feiern. Weihnachtsbäume waren ja nicht angeliefert worden; drum fuhr ich morgens mit dem Rad in den Wald, um mir selbst ein Bäumchen zu holen. Leider durfte man das nicht. Es erschien ein Förster, der teilte mir das mit und schrieb mich auf.

Traurig fuhr ich nach Hause. Aber ich hatte Glück. Denn am Nachmittag kam ein Pole – wissen Sie, so ein DP – vorbei und bot mir ein Bäumchen an. Ich habe nicht gefragt, woher er es hatte.

Und dann haben wir in unserer eiskalten Bude eine kleine Bescherung aufgebaut. Es war ja armselig genug, denn man konnte nichts mehr kaufen. Aber so ein paar Kleinigkeiten hatten wir doch aufgetrieben. Und zwei oder drei Kerzchen brannten auch. Doch, es sah ganz festlich aus.

Aber gerade als wir anfangen wollten, uns zu freuen, tröterten die Sirenen. Es ging furchtbar schnell. Schon heulten sie ›akute Luftgefahr‹! Meine Kinder rannten los in den Bunker. Ich konnte eben noch die Kerzen löschen. Dann lief ich auch hinaus in die Nacht. Über mir brummten schon die feindlichen Flieger. Ich rannte um mein Leben.

Aber dann stoppte ich. Denn ich merkte, daß der Angriff der Nachbarstadt galt. Da kamen die ›Christbäume‹ vom Himmel. So nannten wir ja die Leuchtraketen, mit denen die Flieger ihr Ziel markierten. Ganz allein war ich auf der verlassenen Straße. Die Erde dröhnte und bebte von den Einschlägen der Bomben. Und rings am Himmel standen die entsetzlichen ›Christbäume‹, die Tod bedeuteten. Da fiel der ganze Jammer dieser armen Welt auf mich. Ich fühlte mich so verlassen und verloren. Schreien hätte ich mögen vor all dem Leid.

Und da – ja, da geschah es, daß ich auf einmal den Engel Gottes auf Bethlehems Feld rufen hörte: ›Euch ist heute der Heiland geboren!‹

›Das gilt doch!‹ mußte ich denken. ›Ja, das gilt auch heute noch!‹ Und dann habe ich mich nicht geschämt, daß mir vor Freude die Tränen übers Gesicht liefen. ›Mir! Mir ist der Heiland geboren, Christ, der Retter, ist da!‹ rief mein Herz unablässig. Und ich wurde so fröhlich und glücklich darüber, daß ich es gar nicht aussprechen kann.

Als der Angriff vorüber war, kamen die Meinen aus dem Bunker. Und da haben wir uns zusammengesetzt und haben gesungen: ›… Welt ging verloren, Christ ist geboren! Freue dich, o Christenheit!‹ Wir haben gesungen, daß die morschen Wände bebten.

Sehen Sie, zu Weihnachten braucht man nur den Heiland. Alles andere ist Zutat. Und wenn die fehlt – was tut's? ›Hauptsache, daß die Hauptsache die Hauptsache bleibt!‹ sagt mein Freund immer …

So sage ich *doch* zu Ihnen: Ich wünsche Ihnen gesegnete Weihnachten!«

»Wenn dein Wort nicht mehr soll gelten …«

»… freue, freue dich, o Christenheit!«

Die letzten Töne des rauhen Männergesanges waren verklungen. Unsere Weihnachtsfeier war zu Ende.

Noch einmal trat ich auf das Podium. Sofort wurde es wieder still. Mein Blick überflog die Versammlung. Da saßen etwa 500 junge Männer. Sie alle waren arbeitslos. In unserem Jugendheim hatten wir allerlei Kurse für sie eingerichtet, damit sie ihre leere Zeit ausfüllen konnten. So war die »UfE.«, d. h. »Universität für Erwerbslose«, entstanden.

Es war eine bunte Schar: alle sozialen Schichten – allerlei Berufe – alle politischen Parteien und auch alle religiösen Richtungen waren vertreten.

»Männer und Brüder!« sagte ich, »zu meiner großen Freude darf ich Ihnen nun mitteilen, daß ich Ihnen ein kleines Weihnachtsgeschenk machen kann.« Da strahlten die Gesichter.

»Ich möchte«, fuhr ich fort, »jedem von Ihnen ein Neues Testament überreichen …«

Dumpfes Schweigen. Enttäuscht sahen sie sich an. Dann rief einer aus dem Hintergrund: »Weiter nichts?« »Weiter nichts?!« Die Frage stand auf einmal vor mir. Nicht nur der eine Rufer – nein, alle Anwesenden hatten sich vor mich hingestellt.

»Doch!« antwortete ich, »außerdem kann ich jedem von Ihnen ein Taschenmesser, eine Tüte Gebäck und eine Packung Zigaretten schenken.«

Da hellten sich die Gesichter wieder auf. Der Schreck war überwunden. Man befand sich wieder auf dem Boden der richtigen »Weihnachtsstimmung«. –

Armes Wort Gottes! Nein! – armes Volk, das mit dem herrlichen Worte Gottes nichts mehr anzufangen weiß! Kein Wunder, daß du nicht mehr weißt, was gut und böse ist: daß du keine Ahnung hast davon, wer Gott ist und wer du selbst bist, daß du eine Beute aller Verführer und Ideologen wirst! –

Als wir nach Weihnachten wieder zusammenkamen, erzählte ich den jungen Männern die Geschichte einer Bibel, die mir einmal irgendwo in Österreich gezeigt wurde:

Es war ein dicker, alter Band, in Schweinsleder gebunden und mit schweren silbernen Schließen versehen. Wenn man diese Bibel aufschlug, fiel sie bei den Psalmen auseinander. Und da waren seltsame, schwarzbraune Flecken und Spritzer zu sehen. »Das ist Blut«, erklärte man mir, »Menschenblut!«

Erschüttert hörte ich die Geschichte dieses Bibelbuches: Im 18. Jahrhundert war das Lesen der Bibel in österreichischen Landen streng verboten. Schwerste Strafen hatte jeder zu erwarten, bei dem man dies gefährliche Buch fand …

Es ist tiefe Nacht. Nur in einem einsamen Bauernhof brennt noch Licht. Allerdings sind die Läden so fest geschlossen, daß kein Schimmer nach draußen fällt.

In der großen Stube haben sich die Hausgenossen versammelt. Auch einige Nachbarn haben sich eingefunden. Jetzt beugt sich der Bauer herab, hebt ein paar Dielenbretter auf und bringt die dicke Bibel aus dem Versteck hervor. Bedächtig schiebt er sie nahe zum Licht und schlägt sie auf. Aufmerksam und hungrig nach dem Wort des Lebens drängen sich alle um ihn. Dann liest er: »Herzlich lieb habe ich Dich, Herr, meine Stärke! Herr, mein Fels, meine Burg, mein Erretter, mein Gott, mein Hort, auf den ich traue, mein Schild und Horn meines Heils und mein Schutz! Ich rufe an den Herrn, den Hochgelobten, so werde ich vor meinen Feinden–.« Er unterbricht sich – alle horchen auf. Draußen hört man leise Stimmen. Und dann klopft es auch schon an den Fensterladen. Eine rauhe Männerstimme brüllt: »Aufmachen!«

Einen Augenblick lang stehen alle erschrocken. Aber ehe sie einen Entschluß fassen können, wird die Tür krachend aufgebrochen, und herein quillt eine wilde

Meute: Soldaten, angeführt von einem höhnisch grinsenden Nachbarn.

Schon hat der Anführer die Bibel erblickt: »Ha! Bauer! Haben wir dich endlich erwischt?!« Mit rohen Fäusten greift er nach dem Buch.

Da erwacht der Bauer aus seiner Erstarrung. Mit harten Händen faßt er die Bibel und zieht sie zu sich hin.

»Bauer, gib die Bibel her!« brüllt wütend der Sergeant. Der Bauer schweigt. Er ist totenblaß geworden. Aber eisern umklammern seine Finger das geliebte Buch.

»Du sollst das Buch loslassen!« Der Sergeant packt nun auch zu, und es hebt ein stummes Ringen auf dem Tisch an. »Laß los!« schreit wieder der Sergeant. Der Bauer schweigt. Seine Finger klammern sich um die aufgeschlagene Bibel.

Da übermannt den Soldaten der Zorn. Mit einem schnellen Griff schlägt er das schwere Buch zu und quetscht dabei dem Bauern die Finger ein. Als der immer noch nicht loslassen will, da drückt er mit harten Fäusten die Bibel zusammen, daß dem Bauern das Blut aus den Fingerspitzen spritzt.

Aber – der läßt nicht los ...

Gebannt hörten mir die jungen Männer zu. »Und dann –?« fragte einer.

»Ja, dann wurden diese Bauern vor die Wahl gestellt: entweder die Bibel aufgeben – oder alles zurücklassen und in die Verbannung gehen.« Und ich schilderte den jungen Männern, wie mir einst die Heimat der Verfolgten, das herrliche Tal, in Österreich gezeigt wurde. Mit seinen großen Bauernhöfen war es wie ein Garten Gottes, eingerahmt und geschützt von den gewaltigen Berghäuptern der Donnerkogeln.

»Das alles ließen sie im Stich, ja sogar ihre Kinder mußten sie zurücklassen. Nur mit der Bibel in der Hand zogen sie ›ins Elend‹.«

Jetzt war es um die Fassung der jungen Männer geschehen. »Das ist ja wahnsinnig!« »Überspannt!« »Religiöser Fanatismus!« Solche und ähnliche Ausrufe schwirrten durcheinander. Es wurde mir schwer, wieder Ruhe herzustellen.

Schließlich ergriff ich noch einmal das Wort: »Waren die wirklich so verrückt? Denkt mal nach! Diese Bauern sagten sich: Wenn wir die Bibel nicht mehr haben, dann können wir nicht mehr wissen, was gut und was böse ist; dann können wir nicht mehr feststellen, wie der Weg zu Gott geht; dann sind wir jedem Verführer ausgeliefert; dann sind wir wie Leute, die in einem fremden, unbekannten Land ihre Landkarte verloren haben. Wenn wir die Bibel aufgeben, dann erfahren wir das Evangelium Gottes von unsrer Rettung nicht mehr; dann werden uns die Menschen ihre selbsterfundenen Evangelien aufdrängen. Dann haben wir keine Richtschnur der Wahrheit und keine Wegleitung mehr … Hatten sie nicht recht?«

Da schwiegen die jungen Männer still. Und ich dachte mit Traurigkeit darüber nach, wie sie nun den Verführern anheimfallen mußten, da sie ja längst die Bibel weggeworfen hatten ...

Ein Jahr später kam Hitler zur Macht.

Weihnachtsfeiern eines Deutschen

Nein, ein Tagebuch habe ich nie geführt. Aber die vergangenen Jahre sind in meiner Erinnerung so lebendig, als wenn ich alles aufgezeichnet hätte.

So will ich nun heute ein wenig in dem »Tagebuch der Erinnerungen« blättern.

Weihnachten 1930

Die Kinder sind zu Bett gebracht. Meine Frau räumt im Weihnachtszimmer auf und steckt neue Kerzen auf den schönen Weihnachtsbaum. Wir haben diesmal eine wundervolle Tanne bekommen. Ich habe sie mit viel Liebe geschmückt und mir dabei Gedanken über meine Weihnachtspredigt gemacht. Was ist das doch für eine gewaltige Botschaft, die ich morgen früh verkünden darf: Gott hat die Mauer, die uns von Ihm trennte, umgeworfen und ist zu uns gekommen in Jesus.

Es war zu schön heute abend, wie meine Kinder die lieblichen Weihnachtslieder sangen und dabei im dunklen Zimmer herummarschierten, während nebenan im

Weihnachtszimmer die Mutter die Kerzen am Baum ansteckte. Endlich öffnete sich die Tür. Der Glanz der Kerzen bestrahlte die Kindergesichter. Und dann ging es mit Jubelgeschrei über die Geschenke her. Der Junge kennt ja nur seine Musik. Mit Begeisterung probiert er die neuen Noten gleich am Klavier aus. Die Kleinen vergnügen sich an der Puppenküche. Und die größeren Töchter verschwinden immer wieder, um das neue Kleid oder den neuen Pullover anzuziehen …

Ja, wir sind glückliche Leute —

Weihnachten 1937

Diesmal habe ich den Baum nicht geschmückt. Ich habe es meiner Tochter Hanna überlassen. Sie hat es fein gemacht. Und nun sitze ich im Sessel, schaue in das Kerzengeflimmer und freue mich an der Freude der Kinder. Sie sind so glücklich an ihren Geschenken. Die Mädels haben jede eine Blockflöte bekommen. Und nun wollen sie ein wenig musizieren. Der große Bruder hat sich an das Klavier gesetzt. Die Schwestern stehen um ihn herum. Jetzt sind sie sich einig geworden, was gespielt werden soll. Wie schön erklingt das alte Weihnachtslied von Tazler: »Es kommt ein Schiff, geladen …« Die Jüngste allerdings ist an der Musik uninteressiert. Mit unendlicher Liebe widmet sie sich ihrer neuen Puppe.

Ich kann die Erinnerung nicht loswerden. Erst vor kurzem bin ich aus dem Gefängnis entlassen worden.

Immer wieder sehe ich mich in der engen, scheußlichen Zelle. Alles war qualvoll: das schlechte Essen, die dumpfe Luft, der rohe Umgangston. Aber am schlimmsten war doch die fürchterliche Ungewißheit. Es war ja nicht so, daß ich etwas Schlimmes getan hätte. Aber ein Jugendpfarrer ist im Hitlerreich unerwünscht, und da wird er eben eingesperrt unter einem fadenscheinigen Grund. Es wird kein Verfahren eröffnet. Man sitzt in der düsteren Zelle und ist in der Menschen Hände gegeben. Man sitzt und wartet ... wartet ...

Jetzt spielen die Kinder mit Blockflöten und Klavier: »Freuet euch, ihr Christen alle, / freue sich, wer immer kann; / Gott hat viel an uns getan ...«

Ich muß mitsingen – aus Herzensgrund. Ja, ich kann mich freuen. Ganz neu habe ich es im Gefängnis gelernt, als da der lebendige Herr, der einst von den Toten auferstanden ist, in meine schreckliche Zelle kam. Ja, wirklich, so war es: Er kam zu mir. Und ich erlebte das, was ein altes Lied sagt: »Als mir das Reich genommen, / da Fried und Freude lacht, / da bist du, mein Heil, kommen / und hast mich froh gemacht.«

Meine Jüngste strahlt mich an: »Papa, freust du dich?«
»Ja, mein Kind, ich freue mich gewaltig!«

Weihnachten 1943

Wieder sind wir unter dem Weihnachtsbaum versammelt. Es war diesmal sehr schwierig, Kerzen zu bekommen: denn es ist Krieg, und alles ist knapp geworden.

Und der Gesang will auch nicht so recht klingen. Es fehlt unser Klavierspieler, der in den vergangenen Jahren unser Singen so herrlich begleitet hat, unser Junge.

Sie haben ihn zum Soldaten gemacht. Und nun ist er irgendwo in Rußland. Immer wieder will das Herz sich aufbäumen: Was hat dieser zarte Junge von 18 Jahren mit diesem ungerechten Krieg zu tun? Nun soll er kämpfen für einen Staat, der seinen Vater ins Gefängnis gebracht hat.

Ich bin froh, daß die Kinder sich unbeschwert freuen können. Aber wenn ich meine Frau ansehe, dann weiß ich, daß das Mutterherz den fernen Sohn sucht.

Wie viele werden heute abend wohl so bedrückt sein? Und es ist ja nicht nur der Sohn. Wir fühlen deutlich, daß wir großen Katastrophen entgegengehen. Wie soll dieser fürchterliche Krieg ausgehen? Der Haß der Welt hat sich um uns Deutsche aufgebaut wie eine grauenvolle Mauer. Und morgen kommt vielleicht wieder der Beamte der Geheimen Staatspolizei, um mich fortzuholen in eins der düsteren Gefängnisse. Wer kann denn da Weihnachten feiern?

»Papa! Laß uns doch ein wenig singen!« sagt das kleinste Töchterlein. Und dann singen wir: »Welt ging verloren, / Christ ward geboren: / Freue, freue dich, o Christenheit!« Wie bekommt solch ein Lied einen ganz neuen Klang! Ja, wir haben einen Heiland. Das verkündet uns Weihnachten. Wir wollen uns freuen. Wir haben Grund genug! Wir haben einen Heiland!

Kurz nach Weihnachten kam ein Brief aus Rußland. Da berichtet der Junge, wie er am Weihnachtsmorgen in einer russischen Stadt in einem verwüsteten Haus ein Klavier gefunden hat. Und da hat er die Weihnachtslieder gesungen und gespielt – ganz allein. Und er schrieb: »Mir wurde klar: Das ist die Lage der Christen heute – mitten im Chaos singen wir das Lob des Sohnes Gottes, der uns an Weihnachten geschenkt wurde. Mit Freuden habe ich dann ganz still die Geschichte von der Geburt Jesu gelesen, wie sie im Lukas-Evangelium steht.« So schrieb er.

Wenige Tage später kam die Nachricht, daß er in einem Lazarett verblutet ist …

Weihnachten 1944

Es ist, als wolle die Welt untergehen. Der Krieg geht seinem schaurigen Ende entgegen. Unser liebes Pfarrhaus ist zerbombt und verbrannt. Wir haben eine neue Wohnung gefunden. Es sind zwar keine Pfannen mehr auf dem Dach. Und anstelle der Fensterscheiben haben wir einen Werkstoff, der bei jedem neuen Angriff davonfliegt; dann wird notdürftig wieder repariert. Ich habe ja viel Zeit. Die meisten Menschen sind aus dem Ruhrgebiet geflüchtet. Ich halte jeden Tag in irgendeinem Keller eine Bibelstunde.

Ja, so ist es: Gerade jetzt zeigt das Evangelium seinen Glanz. Je dunkler die Nacht, desto heller leuchten die Sterne. So ist es mit dem Evangelium. Darum wollen wir Weihnachten feiern – trotz aller Traurigkeit.

Ich habe sogar ein Bäumchen aufgetrieben. Einer der Fremdarbeiter, ein Pole, hat es mir verkauft. Die laufen jetzt schon fast frei herum. Sie merken, daß die Deutschen nicht mehr viel zu sagen haben. Er wird das Tännlein wohl irgendwo gestohlen haben. Gefragt habe ich ihn nicht.

Wir haben sogar ein paar Geschenke aufgebaut. Und die tüchtige Mutter hat einiges Festgebäck zustande gebracht. Es ist zwar hart wie Stein, aber es ist doch Festgebäck. So stehen wir um den Weihnachtsbaum und singen unsere lieben Lieder. Dann lese ich die Geschichte von der Geburt Jesu und danke mit den Meinen dem Herrn Jesus, daß Er gekommen ist in diese arge Welt, die Sünder zu erretten.

Gerade in dem Augenblick heulen die Sirenen los. Die Kinder packen das Luftschutzgepäck, das immer bereitliegt, und rennen zum Bunker, der fünf Minuten von unserem Haus entfernt ist. Langsam lösche ich die paar kümmerlichen Kerzen. Ob wir wohl in einer Stunde diese Wohnung noch vorfinden werden? Oder ob da nur ein Trümmerhaufen sein wird? Nun, was tut's! Der Herr Jesus, der an Weihnachten geboren wurde, hat uns eine unzerstörbare Heimat geschenkt am Herzen Gottes. Und so wandere ich dem Bunker zu und summe fröhlich ein Weihnachtslied.

Weihnachten 1958

Nun sind die Kinder groß. Einige von ihnen fehlen. Sie haben geheiratet und feiern in einer eigenen Familie das große Fest.

Ich sitze und schaue in den Kerzenschein des wundervollen Weihnachtsbaumes. Auf den Tischen türmen sich herrliche Geschenke. Wir sind ja nicht mehr arm. Und es ist fast beängstigend, wie die Liebe uns überschüttet mit Weihnachtsgaben.

Während ich in das Kerzengeflimmer schaue, überkommt mein Herz eine große Ruhe und Freude. Wir haben es gelernt, daß die Freude nicht aus den vergänglichen Dingen kommt. Sie muß andere Quellen haben. Und gerade das Weihnachtsfest zeigt ja die unerschöpfliche Quelle der ewigen Freude. Und mein Herz singt mit, als nun meine Familie den Vers anstimmt: »Siehe, siehe meine Seele, / wie dein Heiland kommt zu dir …« Das ist es! Daran will ich mich freuen, solange ich lebe. Und wenn ich einst die Augen schließe, will ich ewige Weihnachten feiern im Anschauen meines Heilands.

Dämonen in der Silvesternacht

Es ist 23.45 Uhr.

Zwei Dämonen …

Halt, das muß ich eben erklären. Die Bibel sagt, daß es Dämonen gibt, »böse Geister unter dem Himmel«. Sie sagt uns nicht viel über sie. Darum darf ich meiner Phantasie wohl einmal freien Lauf lassen.

Also zwei Dämonen treffen sich auf einer Großstadtstraße. Niemand sieht sie. Interessiert beobachten die beiden den Eingang eines großen, eleganten Restaurants, wo es lebhaft aus und ein geht.

Auf einmal schrecken sie zusammen. Irgendwo kracht eine Rakete in die Luft. Und gleich darauf schmeißt lachend ein junger Mann ein Bündel prasselnder Knallfrösche auf das Pflaster.

»Sind wir denn in China«, fragt der eine Dämon erschrocken: »Dort haben sie in der Neujahrsnacht doch immer ein schreckliches Feuerwerksgetöse gemacht.«

»Ja, das machen die Chinesen, um uns zu vertreiben. Ha-ha-ha …! Als wenn man uns mit Feuerwerkskörpern vertreiben könnte!«

»Da müßte schon ein stärkeres Geschütz kommen«, fügt der andere hinzu. »Uns vertreibt nur ein einziges: der Name … der Name – den ich nicht aussprechen kann. Aber warum wollen diese westeuropäischen Leute uns vertreiben? Die glauben doch nicht einmal, daß wir existieren. Warum in aller Welt machen die Narren so'n Feuerwerk?«

In diesem Augenblick fangen die Glocken der nahen Kirche an zu läuten und rufen zum nächtlichen Gottesdienst. Vor der Kirche hat sich ein Posaunenchor aufgestellt. Und in das Glockenläuten mischen sich nun die Klänge des Chorals:

»Nun laßt uns gehn und treten
Mit Singen und mit Beten
Zum Herrn … «

Schweigend hören die Dämonen zu. Dann sagt der eine seufzend: »Für diese Menschen gibt es tatsächlich eine Erlösung. Für uns nicht. Wir können den Namen nicht aussprechen, von dem es in der Bibel heißt: ›Wer diesen Namen anruft, soll selig werden.‹ Für diese Menschen gibt es tatsächlich eine Erlösung.«

»Haha!« lacht der andere. »Und diese Narren pfeifen drauf. Noch gehören sie uns. Und gerade die Silvesternacht ist recht geeignet, sie von dieser Erlösung abzulenken und neu unter unsere Herrschaft zu bringen. Los, los, an die Arbeit! Du weißt, was jeder von uns zu tun hat. Du heizest die Sexualität ein. Und ich sorge für den Alkoholismus. Sie werden schon nach unserer Pfeife tanzen. Und in Ewigkeit Unerlöste bleiben …«

In diesem Augenblick schlägt es vom Kirchturm 12 Uhr. Ein ohrenbetäubender Lärm, das Krachen und Schmettern von Tausenden von Feuerwerkskörpern geht in der ganzen Stadt los. Betrunkenes Rufen und Schreien …

»Das gibt reiche Beute für uns!« ruft der eine der Dämonen. »Los, ans Werk!«

Da tönt aus der Kirche der Choral:

»*Jesus* soll die Losung sein,
Da ein neues Jahr erschienen,
Jesu Name soll allein …«

Schaudernd und erschrocken jagen die beiden Dämonen durch die Tür des Restaurants. Gläserklingen und Geschrei begrüßen sie. Hier sind sie sicher vor dem Namen, der errettet.

Neues Jahr – neues Leben

Der Zug fährt in die große Bahnhofshalle in Köln ein.

Ich lehne mich aus dem Fenster und besehe mir das Gewirre und Gewusele auf dem Bahnsteig.

Da steht auf einmal lachend ein baumlanger Mensch vor mir. »Pastor Busch!!« brüllt er. Und dann erkenne ich ihn wieder. Als ganz junger Pfarrer habe ich manche Bibelstunde und manchen Vortrag in dem »Christlichen Verein Junger Männer« gehalten, dem er als einer der Eifrigsten angehörte.

»Fahren Sie auch Richtung Duisburg?« fragt er. »Dann steige ich bei Ihnen ein.«

Während der Zug weiterfährt, kommt ein munteres Gespräch in Gang. Wir berichten einander unsere Erlebnisse der vergangenen Jahre. Und dann kommen die alten Freunde an die Reihe. »Was macht denn der lange Willi?« … »Und wie geht es denn dem Fritz?«

Alle werden sie durchgenommen, die damals zu dem Jungmännerkreis gehörten, in dem sich der Herr Jesus so mächtig bezeugte. Sie sind jetzt längst, soweit sie noch leben, Männer in Amt und Würden, Familienväter und gesetzte Leute.

»Und nun erzählen Sie mir doch mal vom Karl!« Im Geist sehe ich ihn vor mir, wie er, der dicke, pummelige, fröhliche Bursche, so schallend unser Schlußlied mitsang: »Geist des Lebens, wehe, wehe / übers weite Totenfeld! / Weck die Seelen aus dem Schlafe, / die der Tod gebunden hält!«

Wie solcher Tod aussah, das wußte er aus eigener Erfahrung nur zu gut ...

Es war in einer Silvesternacht. Der Jungmännerkreis hatte eine wundervolle Feierstunde erlebt. Sie hatten gesungen, erzählt, Gottes Wort betrachtet. Als die Mitternachtsstunde schlug und draußen ein blöder Lärm anfing, da waren sie niedergekniet und hatten sich von neuem unserem herrlichen König Jesus angelobt.

Nun verließ das junge Volk den Saal. Lachend, schwatzend, pfeifend oder in ernsten Gesprächen. Draußen auf der dunklen Straße blieb der lange Willi plötzlich stehen: »Nanu, ist der tot?«

Die anderen drängten sich herbei. Am Straßenrand lag regungslos eine Gestalt. Einer horchte ihr schon das Herz ab. Lachend richtete er sich auf: »Ach wo! Der ist bloß besoffen! Der hat ja auch Silvester gefeiert. Aber wie!«

»Kommt! Laßt doch das Schwein liegen!« rief ein Jüngerer angeekelt. Der lange Willi drehte sich um:

»Schwein? Für den Jungen ist der Herr Jesus auch gestorben. Den hat Gott auch lieb!« Schweigen.

Endlich fragte einer: »Was sollen wir denn machen?«

»Wir bringen ihn jetzt nach Hause!« schlug der lange Willi vor. »Und morgen früh besuche ich ihn.«

Alle packten mit an. Als der junge betrunkene Mann wieder auf den Beinen stand, gestützt von vielen starken Händen, kam er langsam zu sich. So konnte er Auskunft geben, wo er wohnte. Mühsam brachte man ihn nach Hause.

Am nächsten Mittag schellte es bei dem jungen Burschen an der Haustür. Der lange Willi stand da mit einem Freund. »Wir wollen den Karl besuchen.«

»Ach ja! Das tut mal!« seufzte die Mutter. »Aber nicht abholen in die Wirtschaft! Der hat für eine Woche genug.«

Karl schaute erschrocken auf, als zwei gesunde junge Männer ihm die Hand schüttelten. Dann saßen sie an seinem Bett …

Ich weiß nicht, was sie gesprochen haben. Aber in der nächsten Jungmännerstunde war Karl dabei. Und von da an war er immer dabei. So lernte ich ihn auch kennen. Im Worte Gottes ging ihm eine neue, schönere Welt auf. Er fand den Herrn Jesus als seinen Erlöser und Heiland. Die Mutter konnte sich nicht genug verwundern …

»Paula hat dran gedacht!«

Lachend, schwatzend, lärmend drängten Scharen von Kindern durch die weiten Türen der Kreuzes-Kirche. Sie brachten den ganzen Lärm der Großstadtstraße mit in die Vorhalle. Aber wenn sie den weiten Raum, der durch die Glasfenster ein gedämpftes Licht erhielt, betraten, wurden sie stiller.

Ich stand am Altar. Es war nett zu beobachten, wie schnell sich das Gewühl entwirrte. Jedes Kind gehörte zu einer Gruppe. Und jede Gruppe hatte ihren festen Platz. Die eifrigen Helfer und Helferinnen teilten die Liederbücher aus. Machtvoll setzte die Orgel ein. Und dann erklang es aus vielen Kinderkehlen.

»Nun laßt uns gehn und treten
Mit Singen und mit Beten
Zum Herrn, der unserm Leben
Bis hierher Kraft gegeben.
Wir gehn dahin und wandern
Von einem Jahr zum andern ...«

Ob die Kinder es merkten, daß an diesem ersten Sonntag im Jahre 1943 jeder Vers aus dem Neujahrslied Paul Gerhardts ein besondres Licht bekam? Die Ältesten fühlten es gewiß! Ihre Väter waren draußen im Krieg, in Afrika, Rußland, Frankreich, Norwegen oder sonst irgendwo in der Ferne. Und die Mütter hatten sorgenvolle Gesichter, weil die Lebensmittel immer knapper wurden. Die ersten Bomben waren auf Essen gefallen.

»Durch so viel Angst und Plagen,
Durch Zittern und durch Zagen,
Durch Krieg und große Schrecken,
Die alle Welt bedecken … «

sangen die Kinder. Wie aktuell war dies Lied aus dem 17. Jahrhundert!

Die Orgel verklang. Der Gesang schwieg.

Ich las den 23. Psalm: »Der Herr ist mein Hirte … Und ob ich schon wanderte im finstern Tal, fürchte ich kein Unglück; denn du bist bei mir …«

So! Nun sollte die Gruppenbesprechung beginnen. Die Helfer und Helferinnen schlugen ihr Testament auf und stellten sich vor ihre Kinder.

Da drängte es mich, ein kurzes Wort zu sagen: »Kinder! Was ist denn eigentlich ein dunkles Tal? Was meint der David, wenn er vom ›finstern Tal‹ spricht?«

Einer von den großen Jungen kennt sich aus. »Wenn man sterben muß!« ruft er.

»Ganz recht! Der Tod ist ein sehr finstres Tal. Wohl dem, der dann sagen kann: ›Du bist bei mir‹! – Was für finstre Täler gibt es sonst noch?«

Die Kinder überlegen. Jetzt meldet sich ein kleines Mädelchen. Sie hat ein lichtes Kleidchen an. Eine große blaue Schleife schmückt ihr Haar. »Ein finstres Tal ist, wenn die Flieger Bomben schmeißen und die Sirenen heulen und wenn man dann so schrecklich Angst hat.« Dabei nickt sie ernsthaft.

Mir krampft sich das Herz zusammen. Ich wußte noch nicht, wieviel Schreckliches auf uns wartete: daß diese Kirche kahl und ausgebrannt dastehen würde; daß die belebten Straßen ringsum schon bald wüste Trümmer sein würden. Aber – eine Ahnung des Kommenden lag über uns allen.

»Ja, mein Kind!« wandte ich mich zu dem Mädelchen. »Das ist ein schrecklich finsteres Tal. Und nun wollen wir miteinander ausmachen: Wenn's kommt, dann sagen wir: Du bist bei mir, lieber Heiland! Und dann fürchten wir uns gar nicht mehr. – Wollt Ihr daran denken?«

»Ja«, riefen die Kinder. Sie alle wollten an das Wort denken: »Ob ich schon wanderte im finstern Tal, fürchte ich kein Unglück; denn du bist bei mir!«

Es schien ihnen so gut, ein Mittel gegen die Furcht zu haben.

Es war kurz vor Mitternacht an diesem Sonntag. Da heulten die Sirenen los. Wild und schrecklich zerriß ihr Lärmen die Nachtstille.

Ich saß noch in meinem Studierzimmer. Über mir in den Schlafzimmern hörte ich auf einmal Trappeln und Laufen. Schnell stand ich auf, um nach meinen Kindern zu sehen.

Da stürmte die Jüngste im Nachthemdchen schrekkensblaß die Treppe herunter, das Gesichtchen von Angst verzerrt. Ich fing sie in meinen Armen auf. »Papa! Ich hab' so Angst!« stammelte sie.

»Aber Renate!« sagte ich. »Was haben wir gerade heute morgen gelernt? ›Und ob ich schon wanderte im finstern Tal, fürchte ich kein Unglück; denn du, Herr, bist bei mir‹!«

»Ach Papa«, seufzte sie, während ihr Gesicht ruhig wurde. »Das habe ich ja ganz vergessen.«

»Natürlich!« erwiderte ich etwas bitter. »Das machen die Großen genauso. Das Wichtigste vergißt man.« Dann gingen wir in den Keller. Und bald fielen die Bomben. –

Am nächsten Morgen schien die Sonne. Unser Haus war verschont geblieben. Es war wie im Frieden.

Ich saß am Schreibtisch und arbeitete. Da flog plötzlich – knall! bumm! – die Tür auf. Meine vitale Jüngste kam hereingestürmt. Hinter sich her zog sie ein kleines Mädchen, das nicht recht mit wollte.

»Papa!« schrie meine kleine Tochter aufgeregt. »Die Paula hat dran gedacht!«

Ich drehte mich um, etwas ärgerlich, ein wenig zerstreut, auch ein bißchen neugierig – nun, eben wie Väter, wenn sie so jäh aus der Gedankenarbeit gerissen werden.

»Was ist los mit Paula?«

Natürlich kannte ich Paula. Es war die innig geliebte Freundin. Es gab keine Mahlzeit, ohne daß die Ereignisse im Leben der kleinen Paula vorgebracht wurden. Sie war katholisch. Aber die Kleine-Mädchen-Freundschaft war so innig, daß Paula einfach in den Kindergottesdienst mitgeschleppt wurde.

Meine Tochter wurde ärgerlich, weil der Vater so langsam »schaltete«. »Die Paula hat wirklich dran gedacht! Du weißt doch – vom finstern Tal – bei ihnen hat's gebrannt – Brandbomben – da hat sie dran gedacht!«

Mir ging ein Licht auf. »Erzähl mal, Paula! Wie war das?«

Und dann kam eine rührende Erzählung: Wie die Brandbomben ins Haus fielen, wie die Männer aufgeregt aus dem Keller stürmten, um zu löschen, wie die Mutter weinte und voll Angst war. Da hatte die kleine Paula sich vor der Mutter aufgestellt und vor all den Leuten im Keller aufgesagt: »Und ob ich schon wanderte im finstern Tal, fürchte ich kein Unglück; denn du, Herr, bist bei mir!« Da war die Mutter ganz ruhig geworden.

Ich saß wieder still am Schreibtisch. Draußen hörte man die Stimmen der kleinen Mädchen, die fröhlich spielten. Mir aber war ganz feierlich zumute. Und dann mußte ich ein wenig seufzen: »Wie schön könnte unser Leben sein, wenn wir immer dann ein großes Wort Gottes zur Hand hätten, wenn es gilt!«